KB121459

글&그림 민선혜

LORENZA

LORENZA 출판사

> 스페인 동화를 통한 공부책 출간 (시리즈) <그물에 갇힌 비둘기들 >, <자매와 오렌지 >

> 기초 스페인어책 출판 (시리즈) < *ABC* 스페인어 >, < *Hablamos* 스페인어 >,

< *Super* 스페인어 >, < *Gramática española* ; 스페인어 문법책 >

<스페인에서의 나의 시간들 > 스페인어 기초 회화&작문책 출간__삼지사

고양 외국어고등학교 국제 교육부 소속 스페인어회화 강사 역임

강북구청, 롯데백화점 문화센터, 일산 노인종합복지관, 동아쏘시오홀딩스, 서울교통공사, 삼성전자 등

다수의 기업 강의 진행

Youtube : 로렌사스페인어

Instagram : *diario_de_lorenza*

스페인어를 통해 더 멋진 세상을 즐길 여러분을 응원합니다.

Agradecimiento especial a mi familia y mi Marcos.

Sunhye Min.

Índice

[인디쎄]

목차

> 안녕하세요. .... p. 9

> 고마워요. .... p. 10

> 네. 아니요. .... p. 11

> 좋은 아침이에요! .... p. 12

> 좋은 오후에요! .... p. 13

> 좋은 저녁이에요! 잘자요! .... p. 14

> 잘 지냈어요? 기분이 어때요? .... p. 15

> 매우 좋아요. .... p. 16

> 이름이 뭐에요? .... p. 17

> 제 이름은 로렌사에요. .... p. 18

> 성이 뭐에요? .... p. 19

> 제 성은 민이에요. .... p. 20

> 어느 나라 사람이에요? .... p. 21

> 저는 한국사람이에요. .... p. 22

> 만나서 반가워요. .... p. 23

> 체크인 하고 싶어요. .... p. 24

> 체크아웃 하고 싶어요. .... p. 25

> 와이파이 있나요? ·········· p.26

> 와이파이 비밀번호가 뭐에요? ·········· p.27

> 조식시간 어떻게 되나요? ·········· p.28

> 조식 어디서 먹어요? ·········· p.29

> 유명한 식당 추천해주실 수 있나요? ·········· p.30

> 도심 지도 주세요. ·········· p.31

> 짐 보관해 주실 수 있나요? ·········· p.32

> 플라멩코 어디서 볼 수 있어요? ·········· p.33

> 택시 불러주세요. ·········· p.34

> 바라하스 공항으로 가주세요. ·········· p.35

> 잠시만요. ·········· p.36

> 도둑이에요! ·········· p.37

> 도와주세요! ·········· p.38

> 너무 좋아요! ·········· p.39

> 너무 멋져요! ·········· p.40

> 너무 아름다워요! ·········· p.41

> 너무 예뻐요! ·········· p.42

> 이거 입어봐도 되나요? ·········· p.43

Índice

[인디쎄]

목차

> 이거 주세요. p.44

> 얼마에요? p.45

> 10.20€ 입니다. p.46

> 비싸네요. p.47

> 싸네요. p.48

> 할인 되나요? p.49

> 쏠 광장 어디에 있나요? p.50

> 이 근처에요. p.51

> 여기서 가까워요. p.52

> 여기서 멀어요. p.53

> 이 근처에 A.T.M기 있나요? p.54

> 저 사진 찍어주실 수 있나요? p.55

> 메뉴판 주세요. p.56

> 여기 시그니처 음식이 뭐에요? p.57

> 여기 전통음식이 뭐에요? p.58

> 추천해주실 수 있나요? p.59

> 해산물 뻬에야랑 하몽 따빠쓰 주세요. p.60

> 까뻬 꼰 레체랑 오렌지주스 주세요. p.61

> 소금 빼주세요. p.62

> 맛있어요. p.63

> 계산서 주세요. p.64

> 영수증 주세요. p.65

> 잔돈은 팁이에요. p.66

> 10%는 팁이에요. p.67

> 화장실 어디에요? p.68

> 아또차역이 어디에요? p.69

> 기차역이 어디에요? p.70

> 다음 기차 몇 시에 출발하나요? p.71

> 버스정류장이 어디에요? p.72

> 이 버스 도심에 가나요? p.73

> 매우 친절하시네요. p.74

> 만나서 영광이에요. p.75

> 또 봐요. p.76

> 질가요./ 안녕히 계세요. p.77

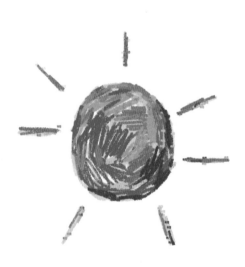

¡Hola!

[올라]

안녕하세요,

Gracias.

/ 그라씨아쓰 /

고마워요.

> 정말 고마워요. ¡Muchas gracias!

Si. / No.

[씨 / 노]

네. / 아니요.

¡Buenos días!

[부에노쓰 디아쓰]

좋은 아침이에요!

·Buenas tardes!

/ 부에나쓰 따르데쓰 /

좋은 오후에요 /

¡Buenas noches.

/ 부에나쓰 노체쓰 /

좋은 저녁이에요! 잘자요!

¿Cómo estás?

/꼬모 에스따쓰/

잘 지냈어요.? 기분이 어때요.?

> 존댓말 ¿Cómo está?
스페인은 친근함의 의미로 나이와 상관없이 반말을 많이 사용합니다.
중남미에서는 처음 본 사이이거나 친하지 않은 사이일 경우 존댓말을 사용합니다.

Muy bien.

[무이 비엔]

(기분, 상태가) 매우 좋아요.

> 좋아요. *Bien.* 그냥 그래요. *Más o menos.*
나빠요. *Mal.* 매우 나빠요. *Muy mal.*

¿Cómo te llamas?

[꼬모 떼 야마쓰]

이름이 뭐에요 ?

>   = ¿Cuál es tu nombre?
존댓말 ¿Cómo se llama? = ¿Cuál es su nombre?

Me llamo Lorenza.

/ 메 야모 로렌싸 /

제 이름은 로렌사에요.

> = Soy Lorenza. = Mi nombre es Lorenza.

¿Cuál es tu apellido?

[꽐 에쓰 뚜 아뻬이도]

성이 뭐에요?

> 존댓말 *¿Cuál es su apellido?*

Mi apellido es Min.

/ 미 아뻬이도 에쓰 민 /

제 성은 민이에요.

¿De dónde eres?

/데 돈데 에레쓰/

어느 나라 사람이에요?

> 존댓말 ¿De dónde es?

Soy de Corea.

[쏘이 데 꼬레아]

저는 한국사람이에요.

> = *Soy coreano* (한국남자)., *Soy coreana* (한국여자).
국적으로 대답할 때는 남녀를 구별하여 사용합니다.

¡Encantado/a!

[엔깐따도 / 엔깐따다]

만나서 반가워요.

> 남자는 *¡Encantado!*, 여자는 *¡Encantada!*
남녀구별 없이는 *¡Mucho gusto!* 라고 합니다.

Quiero hacer check-in.

/ 끼에로 아쎄르 체크인 /

체크인 하고 싶어요.

> 정중한 표현 *Querría hacer check-in.*

Quiero hacer check-out.

/ 끼에로 아쎄르 체크아웃 /

체크아웃 하고 싶어요.

> 정중한 표현 *Querría hacer check-out.*

¿Tiene wifi?

/ 띠에네 위삐 /

와이파이 있나요?

<u>*Cuál es la contraseña de wifi?*</u>

/ 꽐 에쓰 라 꼰뜨라쎄냐 데 위삐 /

와이파이 비밀번호가 뭐에요.?

> 예상 대답 *Es la contraseña.* 이게 비밀번호입니다.

¿Cuál es el horario del desayuno?

/ 꽐 에쓰 엘 오라리오 델 데싸유노 /

조식시간이 어떻게 되나요?

> 예상 대답 *Usted puede desayunar entre las 6 y las 10 de la mañana.* 오전 6시부터 10시 사이에 아침식사 하실 수 있습니다.

¿Dónde sirven el desayuno?

/ 돈데 씨르벤 엘 데싸유노 /

조식 어디서 먹어요?

> 예상 대답 *Servimos el desayuno en la planta baja.*
로비에서 조식을 제공하고 있습니다.

¿Puede recomendarme algún restaurante famoso

[뿌에데 레꼬멘다르메 알군 레스따우란떼 빠모쏘]

유명한 식당 추천해주실 수 있나요 ?

> 좋은 음식점 추천해주실 수 있나요 ?
¿Puede recomendarme un buen restaurante?

El plano de la ciudad, por favor.

/엘 쁠라노 델 라 씨우닫 뽀르 빠보르 /

도심 지도 주세요.

> 예상 대답 *Aquí está.* = *Aquí lo tiene.*
여기 있습니다.

¿Puede guardar los equipajes, por favor

/ 뿌에데 과르다르 로쓰 에끼빠헤쓰 뽀르 빠보르 /

짐 보관해주실 수 있나요?

> 짐 맡길 수 있나요?
¿Puedo dejar los equipajes?

¿Dónde puedo ver flamenco?

/ 돈데 뿌에도 베르 쁠라멩꼬 /

플라멩코 어디서 볼 수 있어요?

> 예상 대답 *Se puede ver flamenco en el tablao flamenco*
1911. Tablao flamenco 1911에서 볼 수 있습니다.

* 플라멩코 무대를 '*tablao*'라고 합니다.

Llámame un taxi, por favor.

/ 야마메 운 딱씨 뽀르 빠보르 /

택시 불러주세요.

> 존댓말 Llámeme un taxi, por favor.

Al aeropuerto de Barajas, por favor.

/ 알 아에로뿌에르또 데 바라하쓰 뽀르 빠보르 /

바라하스 공항으로 가주세요.

> 마요르 광장으로 가주세요. A la Plaza Mayor, por favor.

Un momento, por favor.

[운 모멘또 뽀르 빠보르]

잠시만요.

> = Un segundo, por favor.

¡Ladrón!

[라드론]

도둑이에요 *!*

> 도둑이 여자일 경우 *¡Ladrona!*
> 도둑들이에요 *! ¡Ladrones!*

¡Ayuda!

[아유다]

도와주세요!

> 살려주세요! *¡Socorro!*

¡Qué guay!

[께 과이]

너무 좋아요.

> = Es muy guay.

¡Qué maravilloso!

[께 마라비요쏘]

너무 멋져요.

> = *Es maravilloso.*

¡Qué hermoso!

[께 에르모쏘]

너무 아름다워요.

> = *Es muy hermoso.*

¡Qué bonito!

[께 보니또]

너무 예뻐요.

> = Es muy bonito.

¿Puedo probarlo?

[뿌에도 쁘로바를로]

이거 입어봐도 되나요 ?

> '신어봐도 되나요 ?', '먹어봐도 되나요 ?' '해봐도 되나요 ?' 모두 동일합니다.

Esto, por favor.

[에스또 뽀르 빠보르]

이거 주세요.

> 저 이거 원해요. *Quiero esto, por favor.*

¿Cuánto es?

[꽌또 에쓰]

얼마에요?

> = ¿Cuánto cuesta?, ¿Cuánto vale?
* ¿Cuánto es?는 장 봤을 때 전체 금액을 물어볼 때도 사용합니다.

Son 10 con 20.

[쏜 디에쓰 꼰 베인떼]

10.20€ 입니다.

> = *Son 10 y 20., Son 10, 20., 10, 20.*

* 금액을 말하는 방법은 말하는 사람에 따라 다양합니다.

Es muy caro.

[에쓰 무이 까로]

비싸네요.

> = ¡Qué caro!

Es muy barato.

/ 에쓰 무이 바라또 /

싸네요.

> = ¡Qué barato!

¿Hay algún descuento?

/ 아이 알군 데스꾸엔또 /

할인 되나요?

> 할인해주실 수 있나요? ¿Puede hacerme un descuento, por favor?

¿Dónde está la Puerta del Sol?

/ 돈데 에스따 라 뿌에르따 델 쏠 /

쏠 광장 어디에 있나요?

> ¿Dónde está OO? 장소의 이름을 넣어 물어보세요.

Está por aquí.

[에스따 뽀르 아끼]

이 근처에요.

> ¿Está por aquí? 이 근처인가요?

* 스페인어는 물음표만 찍으면 질문이 됩니다. 문장 끝 억양을 올려서 발음하세요.

Está cerca de aquí?

/에스따 쎄르까 데 아끼/

여기서 가까워요.

> ¿Está cerca de aquí? 여기서 가깝나요?

Está lejos de aquí.

여기서 멀어요.

> ¿Está lejos de aquí? 여기서 머나요?

¿Hay un cajero automático por aquí?

/아이 운 까헤로 아우또마띠꼬 뽀르 아끼/

이 근처에 *ATM*기 있나요?

> 예상 대답 *Sí, hay uno a 5 minutos a pie.*
> 네, 걸어서 5분 거리에 하나 있어요.

¿Puedes sacarme una foto, por favor?

/ 뿌에데쓰 싸까르메 우나 뽀또 뽀르 빠보르 /

저 사진 찍어주실 수 있나요?

> *Sácame una foto, por favor.* 저 사진 찍어주세요.

La carta, por favor.

[라 까르따 뽀르 빠보르]

메뉴판 주세요.

> = El menú, por favor.

Cuál es la especialidad de aquí?

/ 꽐 에쓰 라 에스뻬씨알리닫 데 아끼 /

여기 시그니처 음식이 뭐에요.?

¿Cuál es la comida típica de aquí

/ 꽐 에쓰 라 꼬미다 띠삐까 데 아끼 /

여기 전통음식이 뭐에요.?

> ** aquí* 대신 도시 이름을 넣어도 됩니다.

Puedes hacerme una recomendación?

/ 뿌에데쓰 아쎄르메 우나 레꼬멘다씨온 /

추천해주실 수 있나요.?

> 추천해주세요. *Quiero una recomendación, por favor.*

Paella mariscos y tapas de jamón ibérico, por favor

빠에야 마리쓰꼬쓰 이 따빠쓰 데 하몬 이베리꼬 뽀르 빠보르

해산물 빠에야랑 하몽 따빠쓰 주세요.

> * 'y'는 '그리고'라는 뜻입니다.
하몽 보까디요 2개 주세요. *Dos bocadillos de jamón, por favor.*

Café con leche y zumo de naranja, por favor.

/ 까뻬 꼰 레체 이 쑤모 데 나랑하 뽀르 빠보르 /

까뻬 꼰 레체랑 오렌지주스 주세요.

> 이거 2개 주세요. *Dame dos de esto, por favor.*
*존댓말 *Deme dos de esto, por favor.*

Sin sal, por favor.

[씬 쌀 뽀르 빠보르]

소금 빼주세요.

Está rico.

맛있어요.

> = Está bueno., Es delicioso.

La cuenta, por favor

[라 꾸엔따 뽀르 빠보르]

계산서 주세요.

El recibo, por favor.

[엘 레씨보 뽀르 빠보르]

영수증 주세요.

Quédate el cambio

/ 께다떼 엘 깜비오 /

잔돈은 팁이에요.

> 존댓말 *Quédese el cambio.*

10 por ciento de propina.

[디에쓰 뽀르 씨엔또 데 쁘로삐나]

*10%*는 팁이에요.

> 카드 계산시 *10%* 팁 주는 방법입니다.

¿Dónde está el baño?

/돈데 에쓰따 엘 바뇨/

화장실 어디에요.?

> 예상 대답 *Está al fondo del pasillo.* 복도 끝에 있어요.
> *Está en el primer sótano.* 지하 1층에 있어요.

¿Dónde está la estación de Atocha?

/ 돈데 에쓰따 라 에쓰따씨온 데 아또차 /

아또차역이 어디에요 ?

¿Dónde está la estación de tren?

/돈데 에쓰따 라 에쓰따씨온 데 뜨렌/

기차역이 어디에요.?

¿A qué hora sale el próximo tren?

/아 께 오라 쌀레 엘 쁘록씨모 뜨렌/

다음 기차 몇 시에 출발하나요?

> 예상 대답 *Sale a las 10.* 10시에 출발합니다.
* 다음 버스 몇 시에 출발해요? *¿A qué hora sale el próximo autobús?*

¿Dónde está la parada de autobús?

/ 돈데 에쓰따 라 빠라다 데 아우또부쓰 /

버스정류장이 어디에요 ?

> * 택시정류장 *la parada de taxi*

Este autobús va al centro?

/에스떼 아우또부쓰 바 알 쎈뜨로 /

이 버스 도심에 가나요?

> 예상 대답 *Este autobús va a Toledo.* 이 버스는 *Toledo*에 갑니다.
> *Este tren va para Málaga.* 이 기차는 *Málaga*행입니다.

Eres muy amable.

/ 에레쓰 무이 아마블레 /

매우 친절하시네요.

> 존댓말 *Es muy amable.*

Ha sido un placer.

/ 아 씨도 운 쁠라쎄르 /

만나서 영광이에요.

Gracias a ti, he pasado muy buen tiempo.

/ 그라씨아쓰 아 띠 에 빠싸도 무이 부엔 띠엠뽀 /

덕분에 좋은 시간 보냈어요.

> 존댓말 *Gracias a usted, he pasado muy buen tiempo.*

¡Nos vemos!

[노쓰 베모쓰]

또 봐요.

> ¡Hasta pronto! 곧 봐요!
> ¡Hasta luego! 나중에 봐요!

¡Chao! = ¡Adiós.

/ 차오 / / 아디오쓰 /

잘가요, 안녕히 계세요.

Nota

Nota